H. SPASIANO DE FAZZARI

NAPOLÉON III

ET

LA GUERRE

PARIS
LIBRAIRIE NOUVELLE
BOULEVARD DES ITALIENS, 15

A. BOURDILLIAT ET Ce, ÉDITEURS

1859

L'auteur des pages qui vont suivre est Italien. Il a visité tous
les États de sa mère patrie ; il en connaît la situation politique,
il a étudié les aspirations et les besoins de chacun de ces États,
besoins et aspirations qui tous se résument en deux mots : Indépendance, régénération.

Tant qu'il y a une baïonnette autrichienne en Italie, il existera
chez toutes les populations italiennes un levain d'insurrection.
On a souffert pendant cinquante ans. On ne veut plus de la domination de l'Autriche. On ne veut plus du régime du bâton et
du fouet. Que les Autrichiens repassent l'Isonzo, et ce levain
d'insurrection disparaîtra ;

Voici pour l'indépendance.

Une fois délivrée de ce pouvoir anormal, hétérogène, odieux,
l'Italie accomplira aisément sa régénération. Son progrès pacifique ne se brisera plus contre l'écueil de la terreur inspirée par
les sanglants proconsuls de l'Empereur d'Autriche. On avisera
alors aux moyens d'affermir en Italie cet ordre sans lequel tout

progrès intellectuel est impossible, tout développement industriel est irréalisable. On réunira en confédération monarchique et sur les bases qu'on croira les plus solides et le plus en rapport avec le caractère et les besoins matériels des populations, les divers États de la Péninsule ; on reconstituera l'Italie ; l'on en fera une grande nation ; on la remettra au rang que son histoire, ses fastes, le génie de ses enfants, son étendue, sa position géographique, sa richesse et sa civilisation lui ont toujours assigné, ce rang qu'elle aurait atteint, si la politique envahissante de l'étranger ne l'en eût empêchée ;

Voilà pour la régénération.

L'auteur a lu attentivement toutes les brochures qui ont paru en France, depuis « *Napoléon III et l'Italie* », qui a ouvert glorieusement la marche, jusqu'à celles qui ont fait entendre une note fausse dans le concert universel inspiré par les souffrances de l'Italie, par la politique aussi loyale que généreuse de l'empereur des Français, et par le besoin inévitable d'une guerre.

Il s'est rendu en Piémont, aux débuts de cette guerre ; il assistait à Gênes au débarquement des troupes françaises et à l'arrivée de Napoléon III ; il a été témoin des chaleureuses ovations faites par les Italiens du Piémont au souverain qui déposait un moment le sceptre pour tirer l'épée, et venait lui-même se mettre à leur tête pour combattre à côté du roi Victor-Emmanuel contre l'ennemi de l'Italie ; il a suivi les troupes alliées à Alexandrie, à Novare, et lorsqu'il a vu que le Dieu des batailles favorisait le triomphe de l'armée franco-italienne et la cause des opprimés, il est retourné en France assez tôt pour voir l'enthousiasme avec lequel chaque nouveau pas fait par les alliés en Lombardie, chaque nouvelle victoire remportée sur l'armée autrichienne, chaque délivrance d'une ville lombarde, était saluée par la population.

Il a été informé du joyeux accueil que la Lombardie a fait à la proclamation de l'Empereur Napoléon III aux Italiens, et comme cette proclamation est un des actes les plus sages de son gouvernement, comme elle répond parfaitement à la justice de la cause italienne, comme elle déclare hautement que l'intention de Napoléon III n'est pas de déposséder les souverains, mais de combattre l'ennemi, de maintenir l'ordre et de ne mettre, par sa volonté, aucun obstacle à la manifestation des vœux légitimes des Italiens, l'auteur, qui a toujours professé ces principes de loyauté, d'ordre, de légalité, a cru de son devoir de résumer en quelques pages les actes de cette guerre; de réfuter les sophismes de ceux qui la déclaraient sinon injuste, — idée qui ne pouvait venir à personne, — du moins inopportune ou infructueuse; de témoigner, enfin, à l'Empereur Napoléon, en son nom et au nom de tous les Italiens qui veulent associer leurs sentiments aux siens, toute la reconnaissance qu'ils ont dans leur cœur pour le souverain-soldat, pour leur libérateur, pour le régénérateur de leur pays, pour le sage pacificateur qui, par l'expulsion des Autrichiens, source et cause de tout mécontentement en Italie, de toute tentative d'insurrection, de toute défaillance intellectuelle et morale, doit affranchir et réhabiliter notre noble patrie, doit lui assurer l'ordre, la paix, le progrès : en un mot, tout ce qui constitue le bonheur d'une population.

H. S.

NAPOLÉON III

ET

LA GUERRE

> Quand la France tire l'épée ce n'est pas pour miner, mais pour affranchir.
>
> NAPOLÉON III.

La proclamation de l'Empereur Napoléon III aux Italiens est comme le bulletin d'une nouvelle victoire ; victoire bien plus importante de celles de Magenta et de Solferino, car c'est celle d'une idée, d'un principe, d'une politique.

La victoire de Magenta a ouvert aux troupes alliées la capitale de la Lombardie ; la victoire de Solferino leur ouvre le chemin de la Vénétie.

La proclamation aux Italiens a conquis à la France la sympathie des grandes puissances, et, au besoin, leur appui. Elle a été la déclaration ou plutôt la constatation nette, franche, loyale de la politique impériale au sujet de la guerre.

Si la France a tiré l'épée, ç'a été :

Pour s'opposer au mouvement envahisseur de l'Autriche ;

Pour venir en aide à une puissance amie dont l'affaiblissement eût menacé les frontières françaises ;

Pour pacifier l'Italie, où la domination étrangère a été une cause perpétuelle de mécontentement et en a fait de tout temps un foyer d'insurrection ;

Pour pacifier en même temps l'Europe ;

Enfin, pour régénérer cette même Italie, son alliée, digne d'un sort meilleur, et la faire asseoir au rang des grandes puissances.

La France n'a tiré l'épée qu'après avoir essayé en vain d'obtenir du cabinet autrichien un gouvernement plus paternel, disons le mot, moins odieux, moins tyrannique, moins barbare.

Elle n'a tiré l'épée que lorsque l'Autriche a fait sortir la sienne du fourreau, et qu'elle est entrée de force dans le territoire sarde.

Enfin elle n'a tirée l'épée que parce que les conditions actuelles de l'Italie ne permettaient pas à cette nation d'agir seule contre les forces imposantes de l'ennemi.

Elle a fait pour l'Italie ce que de concert avec l'Angleterre elle avait fait pour la Turquie.

La France qui s'était opposée à l'envahissement du territoire ottoman, la France qui avait été forcée d'en venir aux armes avec la Russie, et, après la victoire, avait obtenu la paix, la France, en présence de faits presque identiques de la part de l'Autriche, a dû recourir à une politique, aussi presque identique, pour la faire cesser : à la guerre, qui, par la victoire, amènerait la paix et l'abandon, de la part de la maison autrichienne, de la Lombardie et de la Vénétie.

« Je ne viens pas ici, a dit l'Empereur aux Italiens, avec un système préconçu pour déposséder les souverains ni pour imposer ma volonté ; mon armée ne s'occupera que de deux choses : combattre vos ennemis et maintenir l'ordre intérieur. Elle ne mettra aucun obstacle à la manifestation de vos vœux légitimes. »

C'est dire qu'il appartient à la Lombardie et à la Vénétie elles-mêmes, après que les Autrichiens auront été refoulés au delà de l'Isonzo par le baïonnettes des alliés, de choisir le gouvernement et le souverain qui leur conviendra.

« Ne soyez aujourd'hui, a ajouté l'Empereur, ne soyez aujourd'hui que soldats ; demain vous serez citoyens libres d'un grand pays. »

Ce but ne pouvait être atteint que par la guerre, puisque les tentatives de négociations n'avaient pas réussi, l'Autriche s'y étant toujours opposée avec une opiniâtreté qu'elle doit regretter aujourd'hui.

Lorsqu'on avait déjà dû renoncer en France à ces négociations, et lorsqu'on n'avait pas encore déclaré la guerre, un publiciste, dont l'incontestable talent ne l'affranchit pas du désir de faire de l'opposition quand même, ne fût-ce que pour s'isoler de l'opinion générale, tâchait de réfuter les idées exprimées avec une lucidité et une justesse remarquables dans la brochure intitulée *Napoléon III et l'Italie.*

« Que propose-t-on ? disait-il.

» On ne propose pas de faire de l'Italie un seul royaume, car on se hâte de proclamer « que l'histoire, la nature elle-même, s'élèvent contre cette solution ; que l'unité italienne ne pourrait se constituer qu'après bien des efforts par la grandeur militaire ou par la tyrannie révolutionnaire. » — On ne propose pas d'aller ramasser sur le champ de bataille de Waterloo la couronne de fer tombée du front de Napoléon Ier, car on reconnaît « qu'elle serait aussi lourde à porter que difficile à conquérir. » — On ne propose pas de fomenter une guerre de succession. — « On ne propose pas d'en appeler à la force. » Non. — Alors, que propose-t-on ? — On propose de pacifier l'Italie. » — On propose « d'en appeler à l'opinion. » — On propose « que la diplomatie fasse la veille d'une lutte ce qu'elle ferait le lendemain d'une victoire. » — On propose, enfin, « d'établir une *confédération*, dont Rome serait le centre, dont le pape serait le président, et dont la Sardaigne serait l'âme politique et l'âme fédérale. »

» Et l'on s'écrie :

« Les Italiens confédérés, c'est l'Italie pacifiée, c'est la pa-

» pauté consolidée et élevée à toute la grandeur de sa mission ;
» c'est l'Europe affranchie d'un péril réel, qui peut la troubler
» profondément [1]. »

» Plongeons au fond des choses en brisant la glace brillante
des phrases qui les recouvrent.

» *Pacifier l'Italie !* Que veulent dire ces mots ? Est-ce que
l'Italie est en guerre ? Est-ce que nous ne serions pas en 1859 ?
Est-ce que nous serions encore en 1849, à la veille ou au lendemain de la bataille de Novare ? Oh ! si l'on pouvait rayer de
l'histoire ces dix dernières années, la solution qu'on cherche serait toute trouvée ; mais il est sans exemple que le temps ait
jamais lâché sa proie. Il ne restitue pas ce qu'il prend.

» *En appeler à l'opinion !* Qu'appelle-t-on l'opinion ? Comment la reconnaître ? Comment la consulter ? Comment la constater ? Et s'il arrivait qu'elle fût sourde, muette, ou rebelle, que
ferait-on [2] ? »

Ces deux derniers alinéas résument heureusement toute la
pensée de l'auteur de la brochure intitulée « *la Guerre,* » Son
opposition quand même, son désir de s'écarter de l'opinion commune ne lui permettent pas de croire qu'on puisse jamais parler
de *pacifier l'Italie,* ni en *appeler à l'opinion.*

« Est-ce que l'Italie est en guerre ? » se dit-il en tâchant de
donner le change au public sur le mot *pacifier.*

Non, répondrons-nous, elle n'est pas en guerre, mais elle est
en agitation, en ébullition ; elle est toujours prête à s'insurger,
elle s'insurge partiellement, tantôt au nord, tantôt au sud,
tantôt au centre. La force des baïonnettes réprime ce qu'elle
appelle des échauffourées, mais le feu n'existe pas moins sous
les cendres, et ne menace pas moins ceux qui veulent le refouler
de déborder comme la lave d'un volcan.

Non, nous ne sommes pas en 1848, nous sommes en 1859,
mais 1859 ressemblait de très-près à 1847, c'est-à-dire à la veille

---

[1] *Napoléon III et l'Italie,* page 61.
[2] *La Guerre,* par M. Emile de Girardin, pages 12 et 13.

d'une conflagration générale; or c'est précisément cette conflagration qu'il fallait éviter, pour la tranquillité de l'Europe tout entière; c'est précisément en évitant cette conflagration, déjà
annoncée par dix ans de tumultes précurseurs, que l'on pacifiera
l'Italie.

Croit-on que l'Italie est tranquille parce qu'on lui tient con-
stamment la baïonnette à la gorge ?

Cette opinion est au moins singulière chez un partisan de la
liberté !

On ne pourrait donc, pour continuer le brillant paradoxe, *pacifier l'Italie*, c'est-à-dire lui donner la *paix*, par cela même
qu'elle n'est pas en *guerre*.

C'est vraiment jouer sur les mots.

Eh bien, serions-nous tenté de lui répondre, nous allons lui
apporter la guerre. Il sera plus difficile en ce cas de soutenir
qu'on ne pourra la pacifier.

En effet, la guerre cessée, la victoire obtenue et complétement
obtenue, on s'occupera de *pacifier l'Italie*.

Quelle est, d'ailleurs, la signification exacte de cette phrase
qui ferme, comme la clef de voûte des arguments, la démonstra-
tion de l'impitoyable oppositeur :

« Oh ! si l'on pouvait rayer de l'histoire ces dix dernières années, la position qu'on cherche serait toute trouvée ; mais il est
sans exemple que le temps ait jamais lâché sa proie ; il ne restitue pas ce qu'il prend. »

Cette signification, nous nous efforçons de la chercher, nous ne
la trouvons pas.

Qu'ont-elles fait pour l'Italie ou contre elle les dix dernières
années qui ont suivi la défaite de Novare ?

Elles ont plus que jamais constaté le mécontentement des provinces envahies et non soumises; elles l'ont constaté par une
opposition ferme et digne, parfois même par des tentatives d'insurrection échouées, ou bientôt comprimées par la force, par
les jugements militaires, par les emprisonnements et par les
supplices.

La défaite de Novare a pu, en quelque sorte, contraindre le

Piémont à renoncer temporairement au besoin d'éloigner de lui une ennemie aussi redoutable et aussi odieuse que l'Autriche, à remettre à un moment plus opportun la guerre, à s'y préparer, à se créer d'abord des alliés ; mais elle n'a pas empêché la Lombardie et la Vénétie de protester continuellement contre la domination autrichienne ; la Vénétie surtout qui, bien des mois après la défaite de Novare, soutint avec un courage rare dans l'histoire, un siége opiniâtre, et ne consentit à ouvrir ses lagunes que lorsque les habitants eurent épuisé leur dernier sou et leur dernier morceau de pain, et brûlé leur dernière cartouche.

Pourquoi, enfin, le temps ne rendrait-il pas sa proie et ne restituerait-il pas ce qu'il prend ?

Cet axiome n'en est pas un en politique.

Les exemples contraires sont trop fréquents dans l'histoire. Pas n'est besoin de les énumérer.

Le temps n'avait-il pas livré la France à l'anarchie, — pour ne citer qu'un exemple, — et Napoléon III ne l'a-t-il pas forcé de restituer sa proie ?

Le temps ne forcera-t-il pas de même l'Autriche à restituer *sa proie ?* et cette fois le mot est pris dans sa véritable acception ; ne la forcera-t-il pas de restituer à l'Italie deux de ses plus belles provinces, qu'elle tient depuis nombre d'années sous son joug de fer, qu'elle pille, qu'elle ravage, qu'elle ensanglante ?

Prendre le Temps pour complice dans le but de soutenir l'oppression, c'est vraiment plus qu'étrange, c'est dérisoire.

Passons au deuxième alinéa :

« *En appeler à l'opinion.*

« Qu'appelle-t-on l'opinion ? » se demande l'auteur de *la Guerre*.

La proclamation a eu soin de l'indiquer.

C'est la manifestation des *vœux légitimes* d'une population.

En d'autres mots, c'est le suffrage universel, ce même suffrage qui a donné à la France la faculté de choisir son souverain, et l'on a vu si la France a été, cette fois encore, inspirée par la Providence, et si elle s'applaudit de son choix.

Comment la consulter? demande encore M. de Girardin.

Mais de la même manière qu'on a consulté l'opinion de la France.

Comment la constater ?

Est-il quelque chose au monde de plus logique, de plus incontestablement persuasif que les chiffres ? A-t-on donc oublié les sept millions de voix qui ont élu Napoléon III ? Voilà ce qu'on appelle la *volonté nationale*. Que vous la nommiez ainsi, ou que vous la nommiez *l'opinion,* la dénomination n'y fait rien, pourvu qu'elle reste la *manifestation libre des vœux légitimes* d'une population.

Enfin il demande :

« S'il arrivait qu'elle fût sourde, muette ou rebelle, que ferait-on ? »

Personne ne nous donne le droit de supposer cette surdité, ce mutisme, cette rébellion. Rien ne saurait les laisser prévoir. Un peuple qui, pendant un demi-siècle, a souffert sous la domination étrangère, a eu bien le temps de réfléchir à ce qui lui convient mieux, et sera prêt à opter le jour qu'il sera libre.

Supposer le contraire ne serait ni logique, ni vraisemblable.

Autant vaudrait penser qu'il préfère rester sous le joug autrichien.

Mais nous avons hâte d'en finir avec la brochure intitulée *la Guerre,* pour pouvoir à notre tour et à loisir manifester nos idées sur cette même guerre.

Deux pages de cette brochure résument tout entière la pensée de l'auteur ; la page 9, où il parle de Napoléon III, la page 56, la dernière, où il fait ses conclusions.

Voyons ces deux pages :

« L'Empereur Napoléon III, dit M. de Girardin, n'est pas mort... »

(Ce qui, répondons-nous, serait une excellente raison pour empêcher l'historien ou le publiciste de faire le bilan de la vie de ce souverain. N'importe, puisqu'il se plaît à l'établir si prématurément, suivons-le).

» Mais s'il avait été tué le 14 janvier 1858, s'il mourait aujourd'hui, que laisserait-il à la France ? Il laisserait la Constitution de 1852, le souvenir du siége de Rome et de la prise de Sébastopol, la neutralisation de la mer Noire, l'achèvement du Louvre, la continuation de la rue de Rivoli, le percement de boulevards nouveaux, la construction des Halles centrales, la transformation du bois de Boulogne et du bois de Vincennes, la terminaison des grandes lignes de chemins de fer votées et commencées sous Louis-Philippe, l'affermissement de l'ordre, mais au prix d'un sacrifice de liberté plus grand que de 1830 à 1848, un héritier, son fils âgé de trois ans. — Quelle place Napoléon III occuperait-il dans l'histoire ?

» Plus que noblesse encore, postérité oblige. Une telle place ne peut, ne doit, ne saurait suffire au continuateur qui aspire à fonder une quatrième race.

» Clovis a dépassé Mérovée, qui donna son nom à la première race.

» Charlemagne, qui donna son nom à la deuxième race, a dépassé Pépin.

» Philippe-Auguste a dépassé Hugues Capet, le fondateur de la troisième race. »

Réponse : Napoléon III n'ayant pas encore accompli sa destinée, nul n'a le droit de juger l'existence d'un homme, — ou plutôt ce qu'il a fait de grand, de durable, de glorieux, pendant toute son existence, — avant que cette existence soit achevée.

On a seulement le droit de prévoir par l'aurore ce que sera le jour ; et, Dieu merci, l'aurore est trop brillante pour ne pas en tirer les plus heureux présages.

Il est trop commode de baser un argument sur une hypothèse : « Si Napoléon III était mort ou s'il mourait aujourd'hui. »

Mais si Clovis, Charlemagne et Philippe-Auguste étaient morts aux premières année de leur règne, ils n'eussent probablement pas dépassé Mévovée, Pépin et Hugues Capet.

Voici maintenant la dernière page. L'auteur de *la Guerre* y résume toute sa brochure :

« Ou la guerre offensive,

» Ou la guerre défensive.

» Ou elle n'est ni offensive ni défensive, dans lequel cas elle est une intervention armée. Or il est sans exemple qu'une intervention armée ait jamais atteint son but et n'ait pas toujours été une faute.

» Si elle est défensive, elle se justifie par la légitimité.

» Si elle est offensive, elle s'absout par la victoire.

» La victoire sans conquête est un contre-sens. »

(Nous examinerons plus loin cet étrange paradoxe, posé là comme un axiome inéluttable. Continuons à citer :)

« S'agit-il de s'immiscer dans les affaires des Romains, de placer, malgré le souvenir de l'assemblée de Lugano en 1848, les Lombards sous le gouvernement piémontais et de faire présider par le pape une confédération italienne ? — Nous disons : La paix.

» S'agit-il de prendre la revanche de Waterloo, de restituer la rive gauche du Rhin à la France, de donner à la Russie la liberté de la mer, afin de l'empêcher de s'emparer de la clef des Dardanelles, de réaliser le programme de Sainte-Hélène et de Ham, de fonder, enfin, la grande association européenne ? — Nous disons : La guerre.

» Ou la guerre avec ses conquêtes, ou la paix avec ses progrès. »

Pourquoi *la guerre avec ses conquêtes*, et surtout pourquoi *la victoire sans conquête est-elle un contre-sens ?*

Qu'appelle-t-on conquête ? Est-ce agrandir son territoire au moyen de provinces envahies par le droit du plus fort ?

Dans ce cas la conquête ne saurait être le but de la guerre actuelle. Mais il est une autre conquête, plus noble, plus utile, plus en rapport avec le progrès des idées ; c'est la conquête de l'influence.

Et c'est précisément celle-ci qui a fait tirer l'épée à la France.

Relisez plutôt la proclamation de Napoléon III aux Italiens :

« Vos ennemis, qui sont les miens, a dit l'Empereur, ont tenté » de diminuer la sympathie universelle qu'il y avait en Europe

» pour votre cause, en faisant croire que je ne faisais la guerre
» que par ambition personnelle, ou pour agrandir le territoire
» de la France.

» S'il y a des hommes qui ne comprennent pas leur époque
» je ne suis pas du nombre.

» Dans l'état éclairé de l'opinion publique, on est plus grand
» aujourd'hui par l'influence morale qu'on exerce, que par des
» conquêtes stériles, et cette influence morale je la recherche
» avec orgueil en contribuant à rendre libre une des plus belles
» parties de l'Europe. »

On ne saurait réfuter plus nettement ni plus complétement l'o-
pinion de ceux qui nient l'utilité d'une guerre n'ayant pas pour
but l'agrandissement du territoire.

Quant à l'hypothèse formulée si longtemps à l'avance par l'auteur de *la Guerre*, qu'on se battait *pour placer les Lombards sous
le gouvernement piémontais*, la proclamation contient aussi quelques lignes à ce sujet. Nous les avons déjà citées ; mais il n'est
pas inutile de les répéter :

» Je ne viens pas ici, dit l'Empereur, avec un système pré-
» conçu, pour vous imposer ma volonté.

Le dilemme donc n'est pas aussi fort qu'il est spécieux, et spé-
cieusement formulé : — « Ou la guerre avec ses conquêtes, ou la
paix avec ses progrès. »

Oui, répondons-nous, la guerre avec ses conquêtes, et ces
conquêtes sont l'influence morale, la rédemption et la régénération d'un peuple voisin allié et reconnaissant, le triomphe de la
civilisation sur la tyrannie, de la nationalité reconnue sur la domination étrangère.

Oui, la paix avec ses progrès ; mais la paix imposée par la victoire, la paix assurée par la liberté d'un peuple qui a été toujours
en fermentation, sous le régime de la force et de la compression ;
la paix garantie par les puissances, qui ne permettraient pas à
l'Autriche, une fois la victoire remportée, et une fois l'épée remise au fourreau, de recourir de nouveau aux armes, pour es-
sayer de reconquérir les provinces qu'une guerre juste et loyale
lui a fait perdre.

Oui, la guerre avec ses conquêtes, mais avec les conquêtes que nous venons d'énumérer.

Oui, la paix, — mais après la guerre, — avec ses progrès; avec le progrès d'un peuple richement doué par la Providence, d'un peuple qui n'a qu'à se ressouvenir pour redevenir grand, d'un peuple à qui il suffit de sortir des serres de l'aigle autrichien pour reprendre son essor vers tout ce qui est noble et glorieux.

Car, un des écrivains les plus clairvoyants de la France le disait encore tout récemment : « L'Italie ne va pas seulement être libre, elle va être régénérée. En renaissant à l'indépendance, elle renaîtra à l'ordre. L'esprit militaire y reconstituera l'esprit politique; et réalisant la parole de l'Empereur, les Italiens réapprendront les vertus du citoyen par la pratique des vertus du soldat. »

Et plus loin il ajoutait :

« Y a-t-il une portion du territoire italien qui puisse valoir pour la France la reconnaissance de toute l'Italie? Une conquête, en Italie, nous ferait jalouser : la gratitude d'une nation délivrée nous fera respecter et redouter. *Conquérants* nous serions l'effroi des peuples ; *libérateurs* nous en serons l'espoir [1]. »

Il fallait donc la guerre à la France; elle devait s'y résigner, pour délivrer une nation opprimée et se donner, sur les Alpes, une frontière fermée. Une fois ce résultat obtenu, la France acceptera la paix avec empressement, que cette paix lui vienne d'un congrès ou d'une victoire.

La guerre avec la conquête de cette frontière fermée et de l'affranchissement d'une nation voisine, était indispensable, — une fois que l'Autriche avait tiré l'épée, — pour obtenir la paix avec les progrès que les peuples affranchis ne tarderont pas à nous montrer.

Mais nous n'en avons pas fini avec les voix discordantes qui ont troublé le concert approbateur de la guerre d'Italie.

Après la brochure intitulée *la Guerre*, est venue la brochure in-

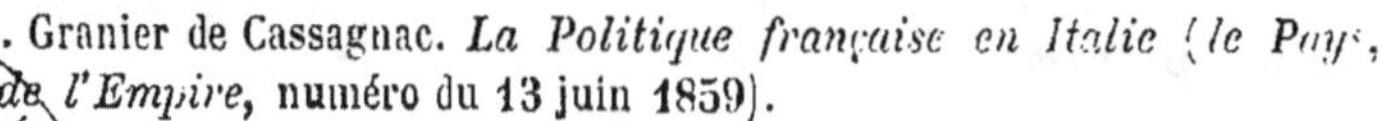

[1] M. A. Granier de Cassagnac. *La Politique française en Italie* (*le Pays*, *Journal de l'Empire*, numéro du 13 juin 1859).

titulée l'*Equilibre européen*. Les deux sont signées du même nom. Les principes que l'auteur y a développés sont les mêmes.

La première disait : la guerre sans conquête est inutile.

La seconde dit : l'équilibre européen n'est qu'un mot.

Nous ne croyons pas aveuglément à ce qu'on est convenu d'appeler l'*équilibre européen*. Mais nous ne croyons. non plus qu'on puisse substituer à cette expression celle de *civilisation européenne*, ainsi que l'auteur de la brochure croit l'avoir prouvé.

Il faut, avant tout, des idées possibles, des principes *pratiques*.

M. de Girardin nous fait le tableau séduisant d'un paradis sur terre. Ecoutez-le plutôt :

« Qui dit civilisation européenne, dit, par voie de déduction :

» Paix assurée contre le risque de guerre entre tous les peuples, sans distinction entre les grands et les petits; conséquemment confédération européenne, rendant inutile toute confédération italienne, absorbant la confédération germanique et la confédération helvétique, leur empruntant leur principe et devenant ainsi confédération pacifique;

» Unité dans la pluralité, *pluribus unum*, ce qui est la devise des États-Unis d'Amérique;

» L'individu avant la nation, l'humanité avant la société;

» Guerre à l'ignorance populaire, à la paresse invétérée, à la misère héréditaire : tous les hommes ayant reçu ou recevant l'instruction nécessaire à l'entier développement de leur intelligence, à la pleine culture de leur raison, tous les milliards gaspillés en casernes et en soldats cessant d'être dépensés ainsi pour être désormais dépensés en écoles et en instituteurs;

» Activité de tous et de chacun portée à sa plus haute puissance : conséquemment, la société retirant de l'homme toute la force utile qui est en lui;

» Équilibre entre le consommateur qui ne produit pas tout ce qu'il consomme et le producteur qui ne consomme pas tout ce qu'il produit ;

» Juste rémunération du travail; conséquemment bien-être universel;

» Élargissement et assainissement des villes condamnées par le passé à l'insalubrité, condamnées à manquer d'espace par l'état de guerre perpétuelle qui les obligeait de s'entourer étroitement de remparts et de fossés pour assurer leur défense ;

» Neutralité des mers et dénationalisation des détroits ;

» Fin des traités écrits, secrets ou publics, et des tarifs douaniers : conséquemment plus de diplomatie, plus de douanes, tous les rapports politiques et économiques ayant pour mesure et pour règle la réciprocité succédant à la rivalité ;

» Unité, non pas seulement de législation, unité de monnaies, unité de poids et mesures, mais encore unité d'impôt, unité de salaire, unité de taxe postale, unité de taxe télégraphique, unité kilométrique de tarif sur les chemins de fer ;

» Chemins de fer en Algérie, en Allemagne, en Angleterre, en Autriche, en Espagne, en Italie, en France, en Portugal, en Russie, en Turquie, dans tous les petits états, comme dans les grands, dans toute l'Europe enfin, de telle sorte que la récolte puisse manquer sur un point sans s'y faire sentir et sans jamais élever sensiblement le prix du pain ;

» Abolition de l'inscription maritime en même temps que du recrutement obligatoire, et abaissement général du prix du fret, la marine militaire ne faisant plus à la marine marchande une concurrence ruineuse autant qu'inutile ;

» Transformation de toutes les questions politiques en questions économiques, et solution de toutes les questions économiques par la puissance du crédit moderne appliqué à alléger le Présent, en donnant l'Avenir pour contre-poids au Passé ;

» Assurance universelle contre tous les risques, y compris celui de la guerre.

» Qui dit civilisation européenne, dit enfin et en deux mots : L'Europe neutralisée ;

» Répétera-t-on encore que c'est là une utopie ? »

Mais !

Qu'appelle-t-on utopie ? Quelle est l'étymologie de ce mot ?

Si l'on consulte le *Dictionnaire national* de Bécherelle, on y trouve cette définition :

« UTOPIE. Nom d'une île imaginaire, ainsi nommée d'Utope qui » la conquit, et y établit une forme de gouvernement exposée » par Thomas Morus, dans le deuxième livre de l'ouvrage latin » auquel il a donné le nom de *Utopiæ libri II* (1516). Ce plan » de constitution renferme des idées excellentes, et aussi *beau-* » *coup d'institutions d'une application impossible.*

» (*Au figuré*). Plan de gouvernement imaginaire, où tout est » parfaitement réglé pour le bonheur de chacun, comme dans » le pays d'Utopie. »

M. de Girardin veut mettre l'Europe à la place de l'île d'Utopie.

Sa *Paix assurée contre les risques de guerre*, son *Assurance universelle contre tous les risques, y compris celui de la guerre*, son *Unité* générale, universelle, feraient de l'Europe une seule immense ville, mieux encore, un immense phalanstère, lequel, régi par des lois immuables, se passerait de juges, de soldats, de sergents de ville, et substituerait au prétendu équilibre européen, qui n'est qu'un mot, *l'équilibre entre le consommateur qui ne produit pas tout ce qu'il consomme, et le producteur qui ne consomme pas tout ce qu'il produit*, équilibre très-facile à réaliser et qui ne serait pas un mot vide de sens !!!

C'est avec de pareilles armes qu'on veut prouver l'inutilité de la guerre d'Italie !

Continuons :

« L'expérience démontre que la paix armée ne sert qu'à écraser les peuples, et ne sert point à empêcher la guerre. *De peuples à peuples il n'y a plus que des rivalités industrielles, il n'y a plus de haines territoriales...* Les gouvernements ne sont plus poussés à la guerre par les peuples ; ce sont les peuples qui y sont poussés par les gouvernements. »

Notez que c'est précisément à propos de la guerre contre l'Autriche, guerre faite dans le but de chasser les Autrichiens du territoire lombardo-vénitien, que l'auteur se croit forcé de hasarder cet étrange à-propos.

Demandez aux Lombards et aux Vénitiens si leur haine contre

l'Autriche est née d'une rivalité industrielle ou de l'occupation territoriale.

Demandez aux Lombards et aux Vénitiens si ce sont eux qui sont poussés à la guerre par la France et par le Piémont.

Quant aux Français, on a vu si cette guerre leur est sympathique, et s'ils portent de l'intérêt aux Italiens asservis par l'Autriche.

L'auteur a bientôt fait d'abriter ses sophismes sous le pavillon de l'expérience.

Il commence par ces mots spécieux : « L'expérience démontre, » et quand ces deux mots lui ont frayé le chemin et laissé l'espace libre, il y glisse une assertion trop facile à réfuter.

« *L'expérience démontre* que la paix armée sert à écraser les peuples et ne sert pas à empêcher la guerre. »

On pourrait, avec autant de droit, dire : « L'expérience démontre que la paix armée sert à protéger un pays contre l'invasion, et à empêcher bien des fois la guerre. »

Est-ce parce qu'une fois sur dix elle ne parvient pas à l'empêcher, qu'on doit s'écrier : « La paix armée ne sert pas à empêcher la guerre ? »

Mais, en vérité, nous ne voyons pas clair dans les idées de l'auteur de l'*Équilibre européen*.

Il veut, non pas l'*indépendance* de l'Italie ; l'indépendance, dit-il, n'étant qu'un mot, il veut sa liberté.

Il veut sa liberté, car il ajoute :

« Si l'Italien avait la plénitude de sa liberté et que l'Italie lui rapportât tout ce que le travail, stimulé par la concurrence pourrait lui faire produire, si l'Italien était content de son sort et que l'Italie fût prospère, en quoi l'empereur d'Autriche en serait-il moins puissant, moins riche, moins heureux ? Est-ce donc une prérogative si douce à exercer, si précieuse à conserver, que le pouvoir de faire fouetter des femmes et de faire pendre des hommes n'ayant commis d'autre crime que celui de trouver peu paternel ce mode de persuasion ? »

Il paraît que cette prérogative est assez précieuse à conserver, puisque l'empereur d'Autriche y tient avec tant d'opiniâtreté, et que cette menace de pendaison et de fustigation est remise en vigueur, publiée et affichée, non pas seulement à chaque soupçon de tentative insurrectionnelle, mais à chaque occasion où cette mesure de précaution peut paraître nécessaire aux chefs d'armée. — Elle le paraît toujours !

Plus loin, l'auteur ajoute :

« Il n'est qu'un moyen de mettre la société en sûreté, c'est de commencer par y mettre la liberté. L'impuissance est le châtiment réservé à tout gouvernement qui se défie de la liberté. .

. . . .

» Quelles libertés, laissées ou restituées à l'Italie par l'Autriche, auraient exposé l'empereur François-Joseph à des périls égaux à ceux qui le menacent et qu'ont appelés sur lui *les abus de sa domination ?* »

En lisant ces lignes, on est porté à croire que l'auteur de l'*Équilibre européen* flétrit le gouvernement autrichien en Italie.

Détrompez-vous. Il flétrit la guerre, c'est une idée fixe. Lisez plutôt :

« Par la paix, l'Italie serait arrivée sinon à l'indépendance qui est un mot, certainement » (*certainement* est modeste !) « à la liberté qui est un fait, à la liberté qui est à l'indépendance ce que la proie est à l'ombre. La paix, c'était la Lombardie, c'était la Vénétie *sillonnées de chemins de fer ;* conséquemment c'était l'Autriche soumise à la surveillance journalière de tous les visiteurs anglais, américains et français ; c'était l'Autriche placée sous le contrôle de la presse étrangère et sous la pression de l'opinion européenne. »

Ah oui! Elle se soucie vivement de ce contrôle et de cette pression, elle qui depuis quarante ans fouette et fusille les malheureux sur lesquels elle fait peser les *abus de sa domination.*

Poursuivons :

« L'Autriche, ajoute M. de Girardin, l'avait si bien senti, que déjà en 1857 « (*déjà ?*) » elle avait choisi le mieux intentionné de ses archiducs, l'archiduc Maximilien, pour lui confier le gouvernement du Lombard-Vénitien, et qu'elle s'était *empressée d'adoucir considérablement* la rigueur de ses anciennes formalités inquisitoriales de police. De Milan à Venise on voyageait aussi librement que de Paris à Marseille. »

A condition, — ajoutons-nous, et nous sommes en mesure de l'affirmer, — à condition d'être favorablement connu par le gouvernement autrichien, ou de lui avoir témoigné de tout son attachement et de ses plus vives sympathies.

Par exemple, l'auteur de cette brochure ne voyagerait pas aussi librement de Milan à Venise que l'auteur de la brochure intitulée *l'Équilibre européen*, malgré les *abus de domination* dont il fait un grief au gouvernement de Sa Majesté impériale et royale apostolique.

La paix aurait donc donné la liberté à l'Italie, cette liberté sans laquelle rien n'est possible, selon l'auteur de *l'Équilibre européen*. Peu à peu l'Autriche aurait assuré elle-même cette liberté à la Lombardie et à la Vénétie.

Peu à peu ! si la liberté était un poison lent, l'Italie n'en mourrait pas de sitôt.

En cinquante ans de domination, cette liberté n'avait encore abouti qu'au droit d'être fouetté, fusillé, pendu « pour le seul crime, — c'est l'auteur de la brochure qui l'avoue, — d'avoir trouvé peu paternel ce mode de persuasion. »

Ce n'était pas trop se presser, surtout de la part d'un gouvernement qui s'était *empressé d'adoucir considérablement les rigueurs,* etc.

Nous venons d'examiner les paragraphes les plus saillants de cette brochure. Le reste n'a d'autre but que celui de substituer les chemins de fer à l'indépendance.

Le chemin de fer, c'est la liberté.

Le chemin de fer, c'est le libre échange.

Le chemin de fer, c'est l'unité de l'Europe.

Le chemin de fer, enfin, c'est la *civilisation européenne* substituée à *l'équilibre européen*...

Le concessionnaire d'une voie ferrée, cherchant des capitalistes, ne ferait pas une apologie plus chaleureuse des chemins de fer.

Seulement nous nous demandons ce que serait devenu l'équilibre européen, ou plutôt la civilisation européenne, avant l'invention des rails;

Et ce qu'elle deviendrait si demain on trouvait un moyen de locomotion encore plus rapide.

La civilisation européenne eût été impossible, paraît-il, sous Louis XIV et sous Napoléon Ier.

Elle est née du bouillonnement de l'eau, comme Vénus de l'écume de la mer.

Un mot encore et nous aurons fini avec les adversaires de la guerre en Italie.

M. de Girardin, en se résumant dans la dernière page de sa brochure, se plaît à comparer la guerre à la révolution.

« Qui condamne la révolution, dit-il, n'a pas le droit logiquement d'absoudre la guerre.

» La guerre, comme la révolution, opère par voie de destruction ; la civilisation opère par voie de transformation ; je suis pour ce qui transforme et non pour ce qui détruit. Je repousse donc la guerre au même titre que la révolution, ces deux filles de la même mère : la force ; je les repousse l'une et l'autre sous quelque drapeau qu'elles s'abritent, sous quelque faux nom qu'elles se cachent. »

Toujours les mêmes paradoxes ! La révolution et la guerre, mises au même niveau ! La guerre détruit, la civilisation transforme. Soit. Mais allez dire à un envahisseur : — Sortez de mon territoire, je vous l'ordonne de par la civilisation.

S'il obéit, tant mieux ! — Mais s'il résiste, ne faudra-t-il pas, même à contre-cœur, récourir à la guerre ? repousser la force par la force ?

Transformez, si vous le pouvez, le régime paternel de l'Autriche, et transformez-le par la civilisation ! Elle a transformé depuis longtemps, par la terreur, la Lombardie et la Vénétie, de pays riches et heureux qu'ils étaient, en provinces asservies et épuisées.

Libre à M. de Girardin de délayer, et peut-être de dénaturer en la délayant, cette pensée de Napoléon Ier, que l'auteur de la brochure *l'Équilibre européen* a citée en tête de ses pages :

« *L'équilibre politique est une rêverie.*

» *Je ne pense pas qu'après ma chute et la disparition de mon* » *système, il y ait en Europe d'autre grand équilibre possible* » *que l'agglomération et la confédération des grands peuples.* »

Mais l'ampliation et l'amplification de cette pensée, passée au laminoir, et allongée en soixante pages, ne devrait pas mener jusqu'au paradoxe le partisan de « *la paix qui transforme le fort,* » de la paix *qui sera mûre le lendemain de notre première grande* » *victoire.* »

De notre première grande victoire, dit-il, et nous en prenons note, — car pour remporter une grande victoire, il faut une grande bataille, et une grande bataille sans la guerre nous semble un contre-sens puéril.

On ne veut pas de la guerre et on veut la paix le lendemain d'une première grande victoire !

Il en est pourtant qui s'obstinent à donner à la France un rôle exclusivement chevaleresque dans cette guerre. Ce n'est pas à un Italien d'écarter ce sentiment de la noble résolution de l'empereur Napoléon III, au contraire ! Mais ce n'est pas non plus en tâchant de voir clair dans les causes de cette guerre contre l'Autriche, que les Italiens atténueraient le moins du monde leur gratitude envers la France.

L'Autriche domine de par les traités dans la Lombardie et dans la Vénétie.

On la laisse faire.

Elle étend son influence sur les duchés, et a des traités secrets avec les autres pays italiens.

On la laisse faire.

Elle occupe pendant des années la Toscane, Bologne, Ancône ;

ses troupes étaient encore hier dans les Légations, et si elle les a retirées, ç'a été pour créer des embarras au souverain pontife, pour susciter des troubles, et par la même occasion pour agglomérer sur les rives du Mincio un nombre plus considérable de soldats.

On la laisse faire.

Son aigle qui n'a deux têtes que pour mieux dévorer, étend ses ailes sur toute la péninsule. Non contente de posséder et d'épuiser les riches provinces lombardo-vénitiennes, elle a dans ses serres Modène, Parme et Plaisance, la Toscane, les Légations romaines, et au besoin elle pourra passer outre.

On la laisse faire.

Seulement le Piémont, ce dernier boulevard de la liberté et de l'indépendance italiennes, conçoit de justes appréhensions. On en concevrait à moins ! Il arme, car il craint, et a raison de le craindre, un empiétement; les exemples et les précédents de l'Autriche justifient ces craintes.

L'Autriche arme à son tour et plus que jamais. Mais lorsqu'elle voit que cet armement affecte les autres puissances, elle se borne à demander le désarmement du Piémont.

On propose un congrès. Même réponse : Que le Piémont désarme.

Plus tard elle ajoute une nouvelle prétention : Que la France désarme.

On débat les préliminaires d'un congrès. On cherche la ville où ce congrès doit se réunir. Que fait l'Autriche? Elle passe le Tessin, envahit le territoire piémontais, déclare la guerre, déchire, par ce passage même du Tessin, les traités de Vienne, occupe les villes du roi de Sardaigne, les rançonne, les pille, les ravage, y multiplie ses exécutions, fait fusiller des familles entières sans distinction d'âge ni de sexe.

Cette fois on ne la laisse plus faire ; car de Novare elle passera à Alexandrie, d'Alexandrie à Turin, et une fois à Turin, il lui suffirait de franchir les Alpes pour se jeter sur la France, comme il lui a suffi de passer le Tessin pour se jeter sur le Piémont. La France se voit dans le devoir et de soutenir une nation amie, une voisine, une alliée, et de protéger son territoire contre cette rage d'envahissement trop particulière au cabinet autrichien.

Elle franchit les Alpes la première, et chasse les troupes ennemies du territoire sarde ; elle leur fait repasser le Tessin ; puis elle les chasse encore et leur fait repasser l'Adda. Elle les chasse en ce moment de toute la Lombardie et leur fait repasser le Mincio ; plus tard elle les chassera de la Vénétie, et leur fera repasser à jamais l'Isonzo, limite naturelle de la belle péninsule italienne.

« L'Autriche, disait Napoléon III, a mené les choses à ce point, qu'il faut qu'elle domine jusqu'aux Alpes, ou que l'Italie soit libre jusqu'à l'Adriatique. »

La France pouvait-elle permettre que l'Autriche dominât jusqu'aux Alpes ?

N'avait-elle pas besoin de mettre entre elle et l'Autriche une barrière, et cette barrière n'était-elle pas le Piémont ?

Qu'on vienne dire maintenant que le rôle de la France, dans cette guerre, est purement chevaleresque ; que pour ne pas être une guerre de conquête, cette guerre est infructueuse ; que la France a tout à perdre, et rien à gagner ; qu'il fallait vider dans un congrès le différend entre le Piémont et l'Autriche ; ou bien qu'il fallait, comme l'a prétendu l'auteur de l'*Équilibre européen*, laisser la domination autrichienne s'adoucir sensiblement par la paix et la civilisation, — le plus dérisoire de tous les partis à prendre !

Non, puisque le dilemme était nettement posé : Ou l'Autriche dominant jusqu'aux Alpes, ou l'Italie libre jusqu'à l'Adriatique ; et que la première de ces deux solutions était par trop dangereuse pour la France, celle-ci s'est vue dans la nécessité de faciliter l'autre solution : L'Italie libre jusqu'à l'Adriatique.

Maintenant, voyons ce que l'Autriche a fait pendant la guerre.

Le pillage, l'incendie, la terreur, les exécutions suivent son armée. Elle rompt à chaque passe, elle recule, et en reculant, elle détruit ses forteresses ; elle promet, sur la parole d'honneur d'un de ses chefs d'armée, de punir *par le fer et le feu* les villes qui essayeraient d'entraver ses efforts pour résister à la France ; elle retire brusquement ses troupes des Légations, pour pouvoir dire à l'Europe : — J'étais l'ordre ; la France est la révolte.

Vain espoir ! la proclamation de l'empereur Napoléon III aux Italiens a parlé clairement. « Combattre l'ennemi, maintenir l'ordre à l'intérieur. »

Et l'ordre, — qu'on n'en doute pas, — sera maintenu.

Quant aux villes des Légations, quant à Bologne et Ancône, n'oublions pas, sans toutefois justifier la révolte, n'oublions pas que ces deux villes n'appartenaient pas a l'Autriche, qu'elles appartiennent au souverain pontife, et pourtant qu'elles ont été si longtemps sous la domination autrichienne, que pendant de longues années elles ont dû se résigner à voir les baïonnettes étrangères dans leurs murs, comme dans les villes lombardes ou vénitiennes.

Il était tout simple, tout naturel que Bologne et Ancône cédassent à un premier mouvement de joie, en voyant enfin la soldatesque autrichienne quitter après une si longue occupation leurs postes, et montrassent par un acte, que nous comprenons parfaitement sans le justifier, leur reconnaissance au souverain qui les a aidées indirectement à se débarrasser de cette odieuse occupation.

Car, après tout, si Milan a fait éclater sa joie, quand les Autrichiens l'ont quitté, les éternels partisans des traités de Vienne pouvaient au besoin invoquer ces traités, et prétendre que Milan est une ville autrichienne ; mais personne n'osera prétendre que Bologne et Ancône sont des villes autrichiennes. Et cependant, elles ont dû subir pendant un si long espace de temps la garnison croate et son terrorisme.

Mais, qu'on n'en doute pas, ces embarras créés par l'Autriche au Saint-Père directement, à la France et à la Sardaigne indirectement, disparaîtront. L'empereur Napoléon III, comme le roi Victor-Emmanuel Ier, ont donné trop de preuves de leur sagesse pour ne pas nous rassurer complétement à cet égard. L'ordre sera rétabli.

Personne ne s'opposera à la manifestation légale des vœux des populations italiennes.

Le Saint-Père, que la France a aidé à remettre sur le trône pontifical, connaît trop les sentiments de l'empereur des Français pour concevoir la moindre appréhension à cet égard, ou pour craindre le démembrement de ses États.

Au contraire! Lorsqu'il a été question d'une confédération italienne, — confédération monarchique, bien entendu, toute autre forme non monarchique étant impossible en Italie, n'en déplaise aux brouillons, aux utopistes, aux songe-creux et aux révolutionnaires quand même, — on a de prime abord tourné les regards vers Rome; on a pensé que Rome est le cœur de l'Italie, que Rome est la ville deux fois reine, centre naturel de l'Italie de par son histoire, sa configuration géographique, et ses vues politiques; centre de l'univers de par le christianisme et la catholicité; on a pensé, enfin, que le souverain pontife serait le chef de cette confédération monarchique italienne.

Il y a loin de là à l'idée de vouloir appauvrir les États pontificaux de leurs Légations.

Qu'on laisse donc la question de l'indépendance se résoudre, qu'on laisse la France et le Piémont expulser les Autrichiens de la presqu'île, c'est le point principal; l'autre, celui de la réorganisation, de la reconstitution de l'Italie, sans être plus facile ni plus rapide, n'en sera pas moins réalisable, et quand elle sera réorganisée et reconstituée, l'Italie verra s'accomplir en même temps sa régénération.

Toutes ces folles *unités,* si prématurément et si précipitamment écloses dans le cerveau utopiste de l'auteur de l'*Équilibre européen,* seront bien autrement faciles à se vérifier en Italie; il sera bien autrement facile à constituer une confédération italienne qu'une confédération européenne; bien autrement facile d'y admettre une seule nation, composée d'États confédérés, parlant une seule langue, ayant une même religion, les mêmes gloires, les mêmes aspirations, les mêmes sympathies; il sera bien autrement facile, disons-nous, que dans l'Europe tout entière, d'y admettre cette

« Unité, non pas seulement unité de législation, unité de
» monnaies, unité de poids et mesures, mais encore unité
» d'impôt, unité de salaire, unité de taxe postale, unité de taxe
» télégraphique, unité kilométrique de tarifs sur les chemins de
» fer [1]. »

En un mot, ce que M. de Girardin prétend pouvoir se réaliser pour toute l'Europe, se réalisera en Italie.

Magnifiquement partagée par la Providence, l'Italie a une des plus heureuses positions géographiques. Elle appuie sa tête aux Alpes, et s'étend sur la mer. La nature lui a assigné ses limites, qui seront dorénavant infranchissables, car si une fois elle est réunie, elle sera forte, elle suffira à se défendre de toute invasion, de toute domination étrangère. Ses terres sont riches et fécondes ; ses ressources inépuisables ; chez elle le génie est en pays de naissance ; elle a été le berceau de la civilisation ; on lui doit la plupart des inventions et des découvertes, à commencer par la découverte de l'autre moitié du monde. Elle aura dans chacun de ses États une armée, et au jour du danger toutes ces troupes, réunies pour défendre la patrie commune, donneront un corps d'armée suffisant pour ne plus recourir à la protection étrangère ; de même, elle aura une marine formidable ; elle sera sillonnée de chemins de fer ; elle aura d'excellentes institutions qui la feront prospérer ; le levain de l'insurrection disparaîtra de son sein, avec la cause qui l'entretenait ; elle aura l'ordre et la tranquillité, mais la tranquillité et l'ordre ne seront plus l'œuvre des baïonnettes, elles seront la conséquence de la prospérité ; elle prendra, parmi les grandes nations et les grandes puissances, le rang qu'elle mérite ; en un mot, elle sera libre, elle sera forte, elle sera heureuse.

Une fois hors de l'Italie, l'Autrichien n'inspirera plus aux populations italiennes cette haine profonde, vigoureuse, éternelle,

---

[1] Émile de Girardin. *L'Équilibre européen*, page 54.

que lui inspire sa domination. Qu'elle repasse l'Isonzo, et la haine cessera.

Ripassin l'Alpe e tornerem fratelli,

disait le poëte. *Tornerem fratelli*, nous redeviendrons frères, non pas frères comme Caïn et Abel, car si l'Autrichien veut être Caïn, l'Italien ne sera plus Abel ; non pas frères comme Étéocle et Polinice, car il n'y aura pas de trône à partager, mais frères comme les Gémeaux de la constellation, qui, malgré leur petite distance, ne se touchent jamais.

Et, vous, Sire, vous qui traversez notre patrie non pas en conquérant, comme votre illustre prédécesseur [1], mais en libé-

---

[1] Fossombroni disait à M. Léozun-le-Duc, en parlant de Napoléon Ier :

« Mettait-il le pied en Italie, tous nos rêves de grandeur, d'avenir, de prospérité le saisissaient au cœur. Il respirait librement, s'épanchait sans contrainte ; à ses yeux, l'Italie grandissait comme par magie. Il était fier et glorieux de lui appartenir ; pour elle, il se livrait aux plus vastes espérances ; il nous ravissait de joie ; mais cette joie était de courte durée. Aussitôt que Talleyrand, et, dans un ordre inférieur, Fouché et d'autres, s'apercevaient de son entraînement à faire de notre pays le pivot de sa haute politique, on lui suscitait des embarras, on faisait surgir des affaires, on irritait son tempérament bilieux ; il partait pour Paris, et là, mettant de côté la pensée de l'Italie, à peine s'il en parlait à de rares intervalles, si ce n'est tout au plus pour lui demander des hommes et de l'argent. Ses amis d'Italie ne pénétraient que difficilement jusqu'à lui ; à leur égard, il devenait réservé, silencieux ; son esprit avait pris une voie différente ; ce que tout à l'heure il avait regardé comme la pierre angulaire de son édifice, n'était plus à ses yeux qu'un élément subalterne sur lequel il permettait que l'on fît les essais les plus hasardeux et les plus incohérents.

» Oui, ajoutait Fossombroni (voir la brochure de M. Léozun-le-Duc, intitulée *l'Empereur Napoléon Ier et l'Italie*), oui, disait Fossombroni en appuyant avec véhémence sur ces paroles : « Napoléon n'a jamais été libre à l'égard de l'Italie ; il a obéi sans s'en douter à des impulsions secrètes, habilement calculées ; il se trouvait enlacé dans des liens dont à peine il comprenait la force. Il n'est pas un seul de ses ministres français qui n'ait redouté le penchant secret, mais passionné, de l'Empereur pour notre pays ; pas un qui n'ait été convaincu que, malgré tous les déguisements, sa nature était exclusivement *italienne*, et que, livrée à elle-même, elle n'eût pas manqué de déplacer par instinct et par conviction innée le pivot de toutes les combinaisons politiques. »

rateur ; vous qui soulevez sous vos pas triomphants les applau-
dissements des populations reconnaissantes, vous qui, tout en
suivant une politique sage et forte dans le but de créer une
frontière fermée à la France, avez tiré l'épée et êtes venu vous-
même combattre, avec le roi du Piémont, contre l'ennemi
commun, vous qui avez enchaîné à votre suite la victoire, qui
marquez les étapes de votre glorieuse marche par des triomphes,
vous qui nous promettez la reconstitution de notre pays, la liberté
et l'ordre, — ces deux soutiens du bonheur matériel et moral
d'une nation, — sa régénération en un mot, Sire, poursuivez
votre noble tâche : affranchissez et pacifiez.

Vous aurez en quelques mois, en quelques semaines peut-être,
réalisé le vœu que les populations italiennes n'ont pu, depuis si
longtemps, voir se réaliser, courbées qu'elles étaient sous la domination étrangère.

Détruisez d'un seul coup l'oppression et l'insurrection, la mère
et la · fille ; celle-là enfantant éternellement celle-ci. Oh ! oui :
affranchissez et pacifiez.

Et l'Italie reconnaissante verra en vous l'ange libérateur envoyé
par le ciel pour briser les fers de cet autre Israël.

1er juillet 1859.

FIN.

Paris. — Imprimerie de la Librairie Nouvelle, A. Bourdilliat, 15, rue Breda.

www.ingramcontent.com/pod-product-compliance
Lightning Source LLC
Chambersburg PA
CBHW061720060726
47597CB00006B/2485